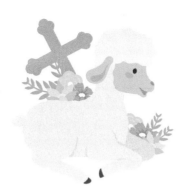

BIBLE

STORIES FOR CHILDREN IN ARMENIAN

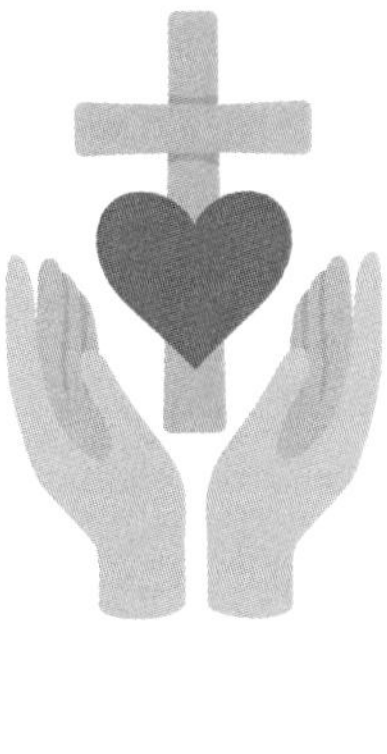

Ստեղծման պատմություն

The Story of Creation

Ծննդոց 1

Վաղուց աշխարհը ձև չուներ և դատարկ էր: “Եղիցի լույս.” ասաց Տերը, և լույս եղավ: Սա առաջինն է այն ամենից, ինչ Տերը ստեղծել է աշխարհի համար: Այնուհետև Նա առանձնացրեց լույսը խավարից և գտավ, որ այն լավ է:

Երկրորդ օրը Նա ստեղծեց հորիզոնը և ջրի վերևի կապույտը կոչեց երկինք: Երրորդ օրը Տերը ստեղծեց ցամաքի և ջրի տարբեր ձևեր՝ հովիտներ, լեռներ և բլուրներ, ինչպես նաև օվկիանոսներ, լճեր և գետեր: Երկրի վրա Նա դրեց բոլոր գեղեցիկ ծաղիկները, բույսերը և ծառերը: Չորրորդ օրը

Genesis 1

A very long time ago, the world had no form and was empty. “Let there be light.” The Lord spoke, and there was light. This is the first of all the things that the Lord created for the world. Then, He separated the light from darkness.

On the second day, He created the horizon and called the blueness above the water, the sky. On the third day, the Lord created the different forms of land and water- the valleys, mountain, and hills, along with the oceans, lakes, and rivers. On the land, He placed all the pretty flowers, plants, and trees! On the fourth day,

Աստված որոշեց դասավորել երկինքը և դրեց Արևը, Լուսինը և աստղերը, որոնք փայլում են գիշերը, և աշխարհը դարձավ գեղեցիկ, բայց աշխարհում դեռևս կենդանի էակներ չկային: Այսպիսով, հինգերորդ օրը Աստված արարածներ ստեղծեց՝ ապրելու ծովում, երկնքում և ցամաքում: Վեցերորդ օրը Աստված որոշեց ստեղծել մի կենդանի, որը հոգ կտանի բոլոր արարածների և իր ստեղծած աշխարհի մասին:

Աստված մարդկանց ստեղծեց իր պատկերով ու նմանությամբ և շունչ տվեց նրանց: Ադամն ու Եվան էին: Ի վերջո, յոթերորդ օրը Աստված որոշեց, որ ամեն ինչ կարգին է և յոթերորդ օրը հայտարարեց հանգստի օր:

ԴԱՍ.

Տերը լի է զորությամբ և ստեղծարարությամբ: Նա ստեղծեց աշխարհը և որոշեց, որ այն գեղեցիկ է և կատարյալ, որտեղ ամեն ինչ աշխատում է միասին: Ահա թե ինչու մենք պետք է հոգ տանենք այս գեղեցիկ աշխարհի մասին, որը ստեղծել է Տերը:

God decided to create the sky and placed the Sun, the moon, and the stars that sparkle at night, and the world was beautiful, but there were still no creatures living in the world. So, on the fifth day, God made creatures to live in the sea, in the sky, and on land. On the sixth day, God decided to create an animal to take care of all the creatures, and the world that He had made.

God made humans in the image of himself and breathed life into them. This was Adam and Eve. Finally, on the seventh day, God decided that everything was perfect, and declared the seventh day to be a day of rest.

LESSON:

The Lord is full of power and creativity. He created the world and decided that it is beautiful and perfect, where everything works together. That's why we have to take care of this wonderful world that the Lord has created.

Ադամ և Եվա

Adam and Eve

Ծննդոց 2-3

Աստված ստեղծեց Ադամին և Եվային և այնքան սիրեց նրանց, որ նրանց դրեց մի պարտեզում, որտեղ տնկված էին բոլոր տեսակի ծառերն ու բույսերը, որոնք տալիս էին համեղ պտուղներ և գեղեցիկ էին: Աստված ասաց նրանց, որ նրանք կարող են ուտել պարտեզի ծառերից ցանկացած պտուղ, բացի մեկից: Նրանք չպետք է ուտեն բարու և չարի գիտության ծառի պտուղը դրախտի մեջ:

Մի օր օձ կոչվող խելացի ու խորամանկ կենդանին խաբեց Եվային, որպեսզի ուտի ծառի պտուղը: Եվան կերավ այդ պտուղը և կիսվեց Ադամի հետ: Այնուհետև նրանց աչքերը բացվեցին ամեն լավի և վատի համար: Ադամն ու Եվան ամաչեցին, որ չեն հնազանդվել Աստծուն, ուստի թաքնվեցին Տիրոջից: Աստված իմացավ, թե ինչ էին նրանք արել և հիասթափվեց ու տխրեց: Նրանց արածի պատճառով Տերը ստիպված էր պատժել օձին, Ադամին և Եվային:

ԴԱՍ.

Տերը մեզ միայն լավն է ցանկանում: Այդ իսկ պատճառով մենք պետք է լսենք և հնազանդվենք Աստծու ասածներին: Եթե մենք դա չանենք, մենք կամաչենք և կհիասթափեցնենք Տիրոջը, իսկ հետո կպատժվենք:

Genesis 2-3

God created Adam and Eve and loved them so much that He placed them in a garden where all sorts of trees and plants that bore delicious fruit and were beautiful were placed. God told them that they may eat any of the fruits from the trees in the garden except for one. They must not eat the fruit of the tree of the knowledge of good and evil in the middle of the garden.

One day, there was a clever and cunning animal called a serpent, that tricked Eve into eating the fruit from the tree. Eve ate the fruit and shared some with Adam. Then, their eyes were opened to all things good and evil. Adam and Eve were ashamed that they disobeyed God, so they hid from the Lord. God found out about what they had done and was disappointed and sad. Because of what they had done, the Lord had to punish the serpent, Adam, and Eve.

LESSON:

The Lord only wants what is best for us. That's why we should listen and obey to what God says. If we do not, we will become ashamed and disappoint the Lord, and then, we will be punished.

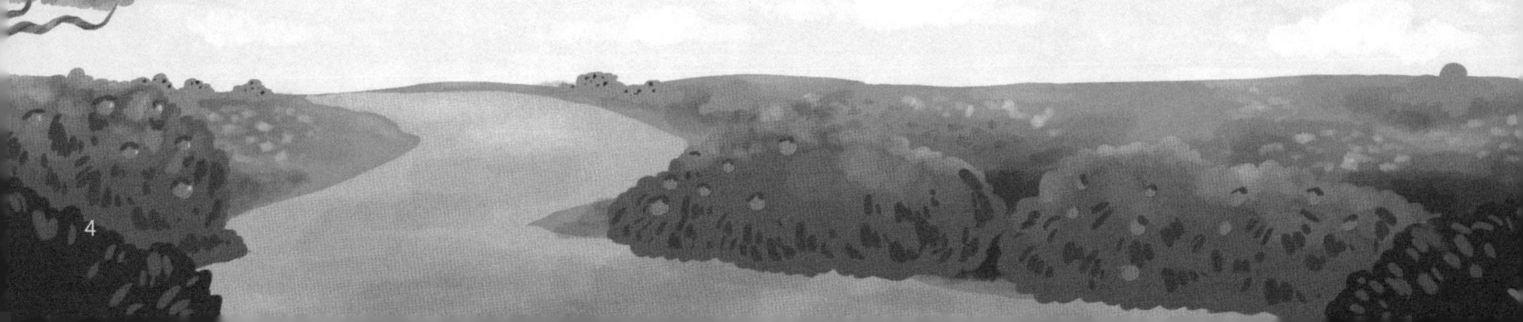

Բաբելոնի աշտարակ

The Tower of Babel

Ծննդոց 11

Մեծ ջրհեղեղից հետո, երբ անձրև եկավ 40 օր և 40 գիշեր, Նոյն ու իր ընտանիքը բնակություն հաստատեցին Բաբելոն կոչվող վայրում:

Այստեղ՝ Բաբելոնում, տարիներ և տարիներ անց, սերնդեսերունդ, մարդիկ աճեցին այնպես, ինչպես Աստված էր նախատեսել: Այնուամենայնիվ, մարդկանց հպարտությունն աճեց, և նրանք ցանկանում էին ավելի մեծ լինել, հավասարվել Աստծուն: Ուստի նրանք որոշեցին կառուցել մի աշտարակ այնքան բարձր, որ այն հասնի դրախտին և Աստծուն:

Այս ժամանակ բոլորը խոսում էին նույն լեզվով և լիովին հասկանում էին միմյանց: Նրանց եսասիրությունն ու ամբարտավանությունը պատժելու համար Աստված նրանց բաժանեց՝ ստիպելով խոսել տարբեր լեզուներով: Այդ պատճառով նրանք չկարողացան ավարտել աշտարակը և ցրվեցին երկրի վրա:

ԴԱՍ.

Մենք պետք է հարգանքով վերաբերվենք Տիրոջը և չհպարտանանք:

Genesis 11

After the big flood that rained for 40 days and 40 nights, Noah and his family settled in a place called Babylon.

Here in Babylon, after years and years, generation after generation, the people grew in numbers just as God wanted. However, the people's pride grew, and they wanted more - to be God's equal. So, they decided to build a tower so high that it would reach Heaven and God.

During that time, everyone spoke the same language, and understood one another completely. To punish their ego and arrogance, God divided them by making them speak different languages. Because of this, they could not complete the tower and became scattered throughout the earth.

LESSON:

We should treat the Lord with respect and not be prideful.

Մովսեսի պատմությունը

The Story of Moses

Մի օր, երբ Մովսեսը արածեցնում էր իր ոչխարները, Տերը հայտնվեց նրան վառվող մորենու տեսքով: Այրվող թփի միջից Տերը խոսեց և պատվիրեց Մովսեսին փոխանցել Իր պատգամը: Մովսեսը ստիպված էր գնալ Եգիպտոս և խնդրել փարավոնին ազատել հրեաներին:

Մովսեսը վախենում էր կատարել Տիրոջ պատվիրանը, քանի որ պարզ մարդ էր: Նա չէր հավատում իր ուժերին և կասկածում էր ինքն իրեն: Այնուամենայնիվ, Տերը ցույց տվեց նրան մի փոքրիկ հրաշք, երբ Մովսեսը գցեց իր գավազանը գետնին և այն վերածվեց օձի: Բայց հենց որ նորից վերցրեց այն, դարձյալ գավազանի վերածվեց: Տերը խոստացավ Մովսեսին, որ նա կլինի նրա հետ և հրաշքներ կանի, որպեսզի օգնի Մովսեսին համոզել փարավոնին:

Հավատքով Մովսեսը գնաց Եգիպտոս և կարողացավ ազատել հրեաներին: Տերը նույնիսկ տասը պատուհաս ուղարկեց Եգիպտոս՝ որպես նախազգուշացում: Աստված նաև տասը պատվիրանները տվեց Մովսեսին, երբ նա առաջնորդում էր իր ժողովրդին անապատով:

ԴԱՍ.

Տերը հավատարիմ է Իր խոստումներին և որոշումներին: Եթե Նա հավատում է, որ դուք կարող եք դա անել և ձեզ կոչ է անում դա անել, ապա դուք ունակ եք և չպետք է կասկածեք ինքներդ ձեզ: Հավատացեք և հավատացեք, և դուք կարող եք սարեր շարժել:

Exodus 2-13

One day, while Moses was tending to his sheep, the Lord appeared to him in the form of a burning bush. From the burning bush, the Lord spoke and commanded Moses to deliver a message for Him. Moses had to go to Egypt and tell the Pharaoh to set the Hebrews free.

Moses was afraid to do the Lord's command because he was just a simple man. He did not believe in his abilities and doubted himself. However, the Lord showed him a small miracle, when Moses threw his staff to the ground, it became a serpent! But once he picked it up again, it turned back into a staff. The Lord promised Moses that He would be with him and perform miracles to help Moses convince the Pharaoh.

With faith, Moses went to Egypt and succeeded in freeing the Hebrews. The Lord even sent ten plagues to Egypt as a warning. God also gave the Ten Commandments to Moses as he was leading his people through the desert.

LESSON:

The Lord is faithful towards His promises and decisions. If He believes that you can do it and calls upon you to do it, then, that means that you are capable and that you should not doubt yourself. Believe and have faith, and you will be able to move mountains.

Նոյը և տապանը

Noah and the Ark

Ծննդոց 6-9

Վաղուց այնտեղ Նոյ անունով մի մարդ էր ապրում: Նոյն ուներ կին և երեք որդի, որոնց անուններն էին Սեմ, Քամ և Հաբեթ: Նրա որդիներից յուրաքանչյուրն ուներ կին, ուստի նրանց ընտանիքը կազմված էր ութ հոգուց:

Մի օր Աստված եկավ Նոյի մոտ և ասաց, որ տապան կառուցի: Տապանն իսկապես հսկայական նավ էր: Աստված ասաց, որ այն եռահարկ լինի և այնտեղ սենյակներ տեղադրի Նոյի, նրա ընտանիքի, կենդանիների և նրանց ուտելիքի համար: Աստված պատվիրեց Նոյին համոզվել, որ ջուրը չի կարող մտնել տապան, քանի որ նա պատրաստվում էր մեծ ջրհեղեղ ուղարկել: Տապանի կառուցումը երկար է տևել իր չափերի պատճառով, սակայն երկար տարիների ջանքերից հետո այն ավարտվել է:

Ուստի Աստված Նոյին ասաց, որ տապան մտցնի կենդանիներին՝ զույգ զույգ՝ արու և էգ: Մինչդեռ մյուս կենդանիների և թռչունների համար Աստված Նոյին ասաց, որ յուրաքանչյուր տեսակից յոթը բերի: 40 օր 40 գիշեր անձրև եկավ: Մինչ Նոյն ու իր ընտանիքը սպասում էին տապանում, Նոյը մի աղավնի ուղարկեց ցամաք փնտրելու, բայց ոչինչ չգտավ: Մեկ շաբաթ անց Նոյը կրկին բաց թողեց աղավնուն, բայց այս անգամ նա վերադարձավ ձիթապտղի թարմ տերևով:

Հետո, երբ նրանք վերջապես իջան, Նոյը դուրս եկավ տապանից իր հետ բերած կենդանիների հետ միասին, և Տերը Նոյին ցույց տվեց ծիածանը: Ծիածանը Աստծո խոստումն էր Նոյին, որ Նա այլևս երբեք այս կերպ չի հեղեղի երկիրը:

ԴԱՍ.

Նույնիսկ եթե որոշ բաներ իմաստ չունեն, մի անհանգստացեք: Տերը հավատարիմ է և արդար, և Նա գիտի, որ Նա քեզանից որևէ բան միայն քո լավ լինելու համար է խնդրում: Վստահիր Տիրոջը և, ինչպես Նոյը, դու կհայտնվես քո իսկ տապանում՝ առանց վնասի:

Genesis 6-9

A very long time ago, there was a man named Noah. He had a wife and three sons who were named Shem, Ham, and Japheth. Each of his sons had a wife, and so there were eight of them in the family.

One day, God came to Noah and told him to build an ark. The ark was a really huge ship. God said to make it three floors high and to put rooms in it for Noah, his family, the animals, and for their food. God had instructed Noah to make sure that no water would be able to enter the ark because He was going to send a great flood. It took a long time to build the ark because of its size, but after many years of effort, it was completed.

Now, God told Noah to bring animals into the ark, a pair of some animals, a male and a female. While for other animals and birds, God told Noah to bring seven of each kind. For 40 days and 40 nights, it rained. While Noah and his family waited on the ark, Noah sent out a dove to look for land, but it could not find any! After a week had passed, Noah once again sent the dove out, but this time, it came back with a fresh olive leaf.

Then, when they finally came across dry land, Noah came out of the ark along with the animals that he brought with him, and the Lord showed Noah a rainbow. The rainbow was God's promise to Noah that He would never flood the earth like that again.

LESSON:

Even if some things do not make sense, do not worry. The Lord is faithful and just, and He knows that what He is asking of you is only for your own good. Trust in the Lord, and just like Noah, you will be aboard your own ark, away from danger.

Դավիթ և Գողիաթ

David and Goliath

1 Սամուել 17

Իսրայելում մի թագավոր կար՝ անունը Սավուղ թագավոր: Սավուղ թագավորը հպարտ ու ամբարտավան մարդ էր, ով մեղանչեց Աստծո դեմ: Քանի որ նա մեղք գործեց Տիրոջ դեմ, Տերը մերժեց նրան որպես թագավոր: Այնուհետև Տերը խնդրեց իր ծառա Սամուելին գտնել մեկ այլ անձ, որպեսզի դառնա Իսրայելի թագավոր: Սամուելը հնազանդվեց Տիրոջը և մի օր պատահաբար ընկավ Հեսսե անունով մի մարդու տուն, որն ուներ ութ որդի:

Հեսսեն ցույց տվեց Սամուելին իր յոթ որդիներին: Յոթ որդու ուժով և կարողությամբ. Տերը յոթից թագավոր չընտրեց, ուստի Սամուելը հարցրեց Հեսսեին, թե արդյոք նա այլ որդիներ ունի, մինչև վերջապես Սամուելին ցույց տվեցին Դավթին: Հեսսեի կրտսեր որդին՝ Դավիթը, միայն խոնարհ հովիվ էր, ոչ թե մարտիկ: Բայց Դավթի հավատքի պատճառով Տերը որոշեց օծել նրան որպես Իսրայելի ապագա թագավոր:

Այդ ժամանակ մեծ պատերազմ էր ընթանում փղշտացիների և իսրայելացիների միջև: Փղշտացիների մեջ կար Գողիաթ անունով մի հզոր հսկա: Գողիաթը մարտահրավեր նետեց Իսրայելից որևէ մեկին, որ փորձի հաղթել իրեն, սակայն ոչ ոք չհամաձայնեց, և նույնիսկ ավելի շատ վախեցան:

Մի օր Դավիթը լսեց, թե ինչպես են եղբայրները խոսում Գողիաթի մարտահրավերի մասին: Դավիթը վստահ էր իր վրա, ուստի ասաց Սավուղ թագավորին, որ կռվի Գողիաթի հետ: Դավիթը ըմբշամարտի փորձ չուներ, բայց Սավուղ թագավորը համաձայնեց թույլ տալ իրեն ընդունել այդ մարտահրավերը: Դավիթին զրահ ու զենք տվեցին: Սակայն քանի որ Դավիթը

1 Samuel 17

There used to be a king in Israel named King Saul. King Saul was a prideful and arrogant man who sinned against God. Because he had sinned against the Lord, the Lord rejected him as king. Then, the Lord asked his servant Samuel to find another man to become the king of Israel. Samuel obeyed the Lord and one day, stumbled upon the home of a man named Jesse who fathered eight sons.

Jesse showed Samuel, seven of his sons. Seven sons who had strength and ability. The Lord had not chosen a king among the seven, so, Samuel asked Jesse if he had any other sons, until finally, David was shown to Samuel. Jesse's youngest son, David, was just a humble shepherd, and not a warrior. But because David's faith, the Lord chose to anoint him as the future king of Israel.

During this time, there was a huge war between the Philistines and the Israelites. Among the Philistines, there was a mighty giant named Goliath. Goliath challenged anyone from Israel to try and defeat him, However, none succeeded, and even more were afraid.

One day, David overheard his brothers talking about Goliath's challenge. David was confident in himself, and so he told King Saul that he would fight Goliath. David had no experience fighting, but King Saul agreed to let him take the challenge. David was given armor and weapons. However,

սովոր չէ զրահ հագնել, որոշեց կրել իր սովորական հագուստն ու պարսատիկը: Տիրոջ հանդեպ ունեցած հավատքով Դավիթն իր պարսատիկի համար միայն մեկ քար ընտրեց. Դավիթը հարվածեց Գողիաթի գլխին, և Գողիաթն անմիջապես պարտվեց: Երբ փղշտացիները լսեցին, որ իրենց պաշտպանը չկա, փորձեցին փախչել, բայց արդեն ուշ էր: Իսրայելի բանակը հաղթանակ տարավ և գերի վերցրեց փղշտացիներին:

ԴԱՍ.

Թեև մենք տեսնում ենք, որ այլ մարդիկ ունեն պողպատե մկաններ և տասը հոգու ուժ, Տերը տեսնում է մարդու ուժը՝ հիմնված նրա սրտի վրա: Դավթի հավատքի շնորհիվ նա կարողացավ միայն մեկ քարով հաղթել Գողիաթին: Քանի դեռ մենք հավատ ունենք, մենք նույնպես կկարողանանք հաղթել Գողիաթներին մեր կյանքում:

because David was not used to wearing armor, he decided to wear his usual clothes and also took his slingshot. With his faith in the Lord, David, chose only one stone to use with his slingshot. David hit Goliath in the head, and Goliath was defeated instantly. When the Philistines heard that their champion was gone, they tried to run away, but it was too late. The army of Israel had claimed their victory and captured the Philistines.

LESSON:

Even though we see other people having muscles of steel, and the strength of ten men, the Lord sees the strength of a person based on their heart. Because of David's faith, he was able to defeat Goliath with just one stone. As long as we have faith, we will also be able to defeat the Goliaths in our lives.

Դանիելն առյուծի որջում

Daniel in the Lion's Den

Դանիել 6

Երուսաղեմում Դարեհ անունով մի թագավոր կար: Դարեհն ուներ բազմաթիվ խորհրդականներ, որոնցից մեկի անունը Դանիել էր: Դանիելը շատ ազնիվ և աշխատասեր մարդ էր, ով հավատում էր Աստծուն և հետևում էր Տիրոջ պատվիրաններին: Մյուս ավագանու անդամները Դանիելին չէին սիրում, ուստի նրանք ծրագիր մշակեցին նրանից ազատվելու համար: Նրանք Դարեհ թագավորին խորհուրդ տվեցին նոր օրենք ընդունել, որը թույլ էր տալիս երկրպագել միայն թագավորին, իսկ նրանք, ովքեր չեն հնազանդվում, նետվում էին առյուծների մոտ:

Դարեհ թագավորը լսեց նրանց խորհուրդը և ընդունեց օրենքը: Դանիելը հասկացավ, թե ինչ է նշանակում այս օրենքը, բայց նա շարունակում էր հավատարիմ մնալ Տիրոջը և օրական երեք անգամ աղոթում էր բաց պատուհաններով, որպեսզի բոլորը տեսնեն: Երբ մյուս խորհրդականները տեսան դա, նրան բերեցին Դարեհ թագավորի մոտ, և թագավորը տխրեց, որովհետև նա սիրում էր Դանիելին: Սակայն թագավորը գիտեր, որ չի կարող փոխել օրենքը, ուստի Դանիելին նետեց առյուծների գուբը: Որջը փակվեց մեծ քարով: Բայց Դարեհ թագավորն այնքան էր անհանգստանում Դանիելի համար, որ չէր կարողանում քնել:

Հաջորդ առավոտ, երբ թագավորը արթնացավ, արագ վազեց որջը և կանչեց Դանիելին: Առյուծի մռնչոցի փոխարեն նա լսեց Դանիելի ձայնը. Դանիելն ասաց թագավորին. «Աստված փրկեց ինձ՝ հրեշտակ ուղարկելով: Հրեշտակը փակեց առյուծների բերանը, և, հետևաբար, առյուծներն ինձ ամենևին չվնասեցին: Դարեհ թագավորը հաճույքով ընդունեց Դանիելին և պատժեց չար խորհրդականներին՝ նրան խաբելու համար: Թագավորը չեղյալ հայտարարեց օրենքը և որոշեց իր թագավորությանը սովորեցնել Աստծո զորությունն ու բարությունը:

ԴԱՍ.

Եթե մենք հավատարիմ մնանք Տիրոջը, Տերը հավատարիմ կմնա մեր մեջ: Մի հուսահատվեք, երբ թվում է, թե ամեն ինչ ձեր դեմ է գնում: Տերը չի դրժում Իր խոստումները, և Նա կփրկի քեզ հուսահատության և վտանգի անդունդից:

Daniel 6

There used to be a king in Jerusalem named Darius. Darius had many advisors, and one of them was named Daniel. Daniel was a very honest and hardworking man who believed in God and followed the Lord's commands. The other advisors did not like Daniel, so they set up a plan to get rid of him. They advised King Darius to make a new law that only allowed worship of the king, and whoever did not obey would be thrown and fed to the lions.

King Darius listened to their advice and put the law in place. Daniel understood what this law meant, however, he continued being faithful to the Lord and prayed three times a day with his windows open for everyone to see. When the other advisers saw this, they brought him to King Darius, and the king was devastated because he favored Daniel. Nevertheless, the king knew he could not change the law, so he placed Daniel in the lion's den. The den was sealed with a big stone. But King Darius was so worried about Daniel that he could not sleep.

The next morning, when the king woke up, he quickly ran to the den and called out for Daniel. Instead of hearing the lion's roar, he heard Daniel's voice. Daniel told the King, "God saved me by sending an angel. The angel shut the mouths of the lions and so the lions did not hurt me at all!" King Darius happily took Daniel in and punished the evil advisers for tricking him. The king ended the law and decided to teach his kingdom about God's power and goodness.

LESSON:

If we remain faithful to the Lord, the Lord will remain faithful in us. Do not lose heart when things seem to go against you. The Lord does not break his promises, and He will save you from the depths of despair and danger.

Եսթեր թագուհի

Queen Esther

Եսթեր 2-4

Պարսկաստանում ապրում էր Քսերքսես անունով մի թագավոր: Քսերքսես թագավորը իշխում էր բազմաթիվ երկրների վրա, այդ թվում՝ հրեաների: Այսպիսով, թագավոր Քսերքսեսը կին էր փնտրում, և շատ գեղեցիկ կանայք կանգնեցին նրա առաջ: Նրանցից մեկը Եսթեր անունով մի շատ գեղեցիկ կին էր: Քսերքսես թագավորը և Եսթերը ի վերջո սիրահարվեցին և ամուսնացան՝ և Եսթերը վերածվեց թագուհու: Այնուամենայնիվ, Եսթերը գաղտնիք ուներ, իրականում նա հրեա էր:

Պարսից թագավորները համարվում էին աստվածներ, և դրա պատճառով Քսերքսես թագավորը չէր սիրում հրեաներին: Մուրթքեն՝ Եսթերին որդեգրած հայրը, տեղեկացրեց Եսթեր թագուհուն, որ թագավորի աջ ձեռքը՝ Համանը, ցանկանում էր սպանել բոլոր հրեաներին, ուստի նա խնդրեց Եսթերի օգնությունը՝ նրանց փրկելու համար: Եսթեր թագուհին վախենում էր, որ թագավորը կվնասի իրեն, եթե իմանար նրա իսկական արմատները, բայց, այնուամենայնիվ, օգտվեց հնարավորությունից և խնջույք պատրաստեց: Եսթերը խոնարհաբար խնդրեց Քսերքսես թագավորին խնայել իր ժողովրդին, և թագավորը ուրախությամբ համաձայնեց: Եսթեր թագուհու վտանգի պատճառով հրեաները փրկվեցին, իսկ Համանը պատժվեց:

ԴԱՍ.

Եսթերի քաջության շնորհիվ Աստված օգտագործեց նրան՝ փրկելու հրեաներին: Եսթերի պատմությունը մեզ սովորեցնում է քաջ լինել: Նույնիսկ եթե ամեն ինչ շատ սարսափելի ու վտանգավոր է թվում, երբ դու պայքարում ես ճիշտի համար, ապա Տերը քեզ հետ կլինի, հատկապես, երբ օգնություն խնդրես Նրանից:

Esther 2-4

In the land of Persia, there was a king named Xerxes. King Xerxes ruled over many lands including the lands of the Hebrews. Now, King Xerxes was searching for a wife, and set before him, were many fine women. One of them was a very beautiful woman named Esther. King Xerxes and Esther eventually fell in love and married, turning Esther into the Queen. However, Esther had a secret. She was actually a Hebrew!

Persian Kings were seen as Gods, and because of this, King Xerxes disliked the Hebrews. Mordecai, Esther's adopted father, informed Queen Esther that the King's right-hand man, Haman, wanted to kill all the Hebrews, so he asked for Esther's help to save them. Queen Esther was scared that the king would hurt her if he knew her true roots, but she took the risk anyway and prepared a feast. Esther humbly asked King Xerxes to spare her people, and the king gladly agreed. Because of Queen Esther's risk, the Hebrews were saved and Haman was punished.

LESSON:

Because of Esther's courage God used her to save the Jews. Esther's story teaches us to be brave. Even if things seem to be very scary and dangerous, when you fight for what is right, then the Lord will be with you, especially when you ask Him for help.

Հիսուս Քրիստոսի ծնունդը

The Birth of Jesus Christ

Մատթեոս 1 և Ղուկաս 2

Նազարեթ անունով մի քաղաքում ապրում էր Մարիամ անունով մի կին: Մարիամը անմեղ էր և մաքուր, և նա պաշտում էր Տիրոջը: Նա պատրաստվում էր ամուսնանալ Հովսեփ անունով մի մարդու հետ:

Մի օր Տիրոջ հրեշտակը՝ Գաբրիել անունով, եկավ ասելու Մարիամին և Հովսեփին, որ Մարիամն ընտրվել է Աստծո որդի ծնելու համար: Նրանք ընդունեցին Մարիամի կանչը և գնացին Բեթղեհեմ:

Սակայն, երբ նրանք հասան Բեթղեհեմ, դատարկ սենյակներ կամ տնակներ չկային, ուստի նրանք այլ ելք չունեին, քան մնալ ախոռում, որտեղ Մարիամն ունեցավ Հիսուսին:

Նա նրան մահճակալի փոխարեն մսուրի մեջ դրեց: Ինչպես կանխատեսվում էր, Փրկիչը ծնվել է Բեթղեհեմում՝ կույսից:

ԴԱՍ.
Այդպիսին էր Հիսուսի՝ Աստծո Որդու և Մարդու Որդու խոնարհ սկիզբը: Հիսուսը չի ծնվել շքեղ տանը՝ գեղեցիկ մահճակալով կամ փափուկ վերմակով, այլ Նա ծնվել է ախոռում և նստել է մսուրի մեջ: Աստծո բոլոր խոստումները կկատարվեն ճիշտ այնպես, ինչպես Հիսուսի ծննդյան մասին մարգարեությունները կատարվեցին:

Matthew 1 and Luke 2

In a town called Nazareth, there was a woman named Mary. Mary was innocent and pure, and she adored the Lord. She was about to marry a man named Joseph.

One day, an angel of the Lord named Gabriel came to inform Mary and Joseph that Mary had been chosen to bear the son of God. They accepted Mary's calling and proceeded to go to Bethlehem.

However, when they reached Bethlehem, there were no rooms or lodges that were available, so they had no choice but to stay in a stable where Mary had Jesus.

She placed him on a manger as his bed. Just as it was prophesized, the Savior was born in Bethlehem from a virgin.

LESSON:
This was the humble beginning of Jesus, the son of God, and the Son of Man. Jesus wasn't born in a luxurious house with a beautiful bed or a soft blanket, but He was born at a stable and was set on a manger. All of God's promises will be fulfilled just as the prophecies of Jesus' birth came to pass.

Հովհաննես Մկրտչի պատմություն

The Story of John the Baptist

Ղուկաս 3

Ժամանակին Եղիսաբեթ անունով մի պառավ կին կար, և թեև դա շատ անսովոր էր, բայց ծերության տարիներին նա հղիացավ և դարձավ Հովհաննես Մկրտչի մայրը: Տիրոջ հրեշտակը հայտնվեց իր ամուսնուն՝ Զաքարիայի առաջ: Հրեշտակն ասաց Զաքարիային, որ Հովհաննեսը ծնվելու պահից կօրհնվի Սուրբ Հոգով և կկոչվի «Հովհաննես»:

Եղիսաբեթն ու Զաքարիան հնազանդվեցին Տիրոջը և արեցին այնպես, ինչպես հրեշտակն ասաց նրանց: Հովհաննեսը մեծացավ մարդկանց քարոզելու, ուսուցանելու և մկրտելու համար, և Սուրբ Հոգով իր մեջ՝ սովորեցրեց մարդկանց ապաշխարել իրենց մեղքերից:

Մի օր Հիսուսը եկավ Հովհաննեսի մոտ և խնդրեց, որ մկրտվի: Սա այն դեպքում, երբ Աստծո լույսը լուսավորեց Հիսուսին աղավնու տեսքով և կրկնեց. «Սա իմ որդին է, որին ես սիրում եմ»:

ԴԱՍ.

Երբ մենք հնազանդվում և հետևում ենք Տիրոջ պատվիրաններին, մենք իսկական ուրախություն և նպատակ ենք գտնում: Ինչպես Հովհաննեսի կյանքում, այնպես էլ մեր կյանքում կա ավելի մեծ և խորը իմաստ և նպատակ, որը միայն Տերը կարող է ցույց տալ մեզ:

Luke 3

There was an old woman named Elizabeth, and although it was very unusual, she became pregnant at her old age and became the mother of John the Baptist. An angel of the Lord came to her husband, Zechariah. The angel told Zechariah that John would be blessed with the Holy Spirit from the moment he is born, and was to bear the name "John".

Elizabeth and Zechariah obeyed the Lord and did as the angel told them. John grew up to preach, teach, and baptize people, and with the Holy Spirit in him, he taught the people about repenting from their sins.

One day, Jesus went to John and asked to be baptized. This is when the light of God shined upon Jesus in the form of a dove and echoed "This is My son, whom I love."

LESSON:

When we obey and follow the Lord's commands, we will find genuine joy and purpose. Just like the life of John, our lives have a greater and deeper meaning and purpose that only the Lord can show us.

Հիսուսը կերակրում է 5000-ին

Jesus Feeds 5000

Հովհաննես 6

Մի օր, երբ Հիսուսն ու իր աշակերտները քայլում էին դեպի մի հանգիստ տեղ՝ մի փոքր հանգստանալու, մի մեծ բազմություն հետևեց նրանց: Հիսուսը տեսավ ժողովրդին և գթաց նրանց:

Հիսուսը տեսավ, որ նրանք հոգնած ու քաղցած են, ուստի ուղարկեց իր աշակերտներին մոտակայքում ուտելիք փնտրելու, և նրանք վերադարձան 2 ձկներով և 5 հացով: Հիսուսը շնորհակալություն հայտնեց ուտելիքի համար և վերցրեց այն երկինք: Նա օրհնեց այն և տվեց աշակերտներին, որ բաժանեն ժողովրդին:

5 հացից և երկու ձկից բոլորը կերան, իսկ մնացածը բավական էր տասներկու զամբյուղի համար: Այսպիսով, Հիսուսը կարողացավ կերակրել 5000 մարդու:

ԴԱՍ.

Սա ցույց է տալիս Տիրոջ զորությունն ու սերը Իր ժողովրդի հանդեպ: Եթե մենք պատրաստ ենք Հիսուսին ասել մեր ծրագրերն ու մտահոգությունները, որքան էլ դրանք փոքր լինեն, Նա կարող է հրաշք գործել:

Mark 6

One day, as Jesus and his disciples were on their way to a quiet place to get some rest, they were followed on foot by a large crowd. Jesus saw the people and had compassion towards them.

Jesus saw that they were tired and hungry, so he sent his disciples to look for food nearby, and they returned with 2 fish, and 5 loaves of bread. Jesus gave thanks for the food and lifted it up to Heaven. He blessed it and gave it to the disciples to give out to the crowd.

From the 5 loaves of bread and two fish, everyone was able to eat and there were leftovers enough to fill twelve baskets. This was how Jesus was able to feed 5000 people.

LESSON:
This shows the power and the love that the Lord has for His people. If we are willing to lay down our plans and worries to Jesus, no matter how little, He will be able to perform a miracle.

Հիսուսը բուժում է կույր մարդուն

Jesus Heals the Blind Man

Հովհաննես 9

Մի օր ճամփորդելիս Հիսուսն ու իր աշակերտները հանդիպեցին ծնունդից կույր մի մարդու:

Հիսուսը բացատրեց, որ Աստված թույլ տվեց այս մարդուն կույր լինել՝ որպես Աստծո գործերի ցուցադրում:

Հիսուսը բժշկեց մի մարդու՝ ցեխ քսելով նրա աչքերին: Երբ տղամարդը լվաց իր աչքերը, նա վերջապես կարողացավ տեսնել:

ԴԱՍ.
Աստված կարող է բուժել. Հիսուսը բժշկեց կույրին՝ որպես Աստծո բուժիչ զորության ցուցադրություն: Հիսուսն է աշխարհի լույսը: Քանի դեռ նա կենդանի էր երկրի վրա, նա արեց իր Հոր գործերը, ով ուղարկեց իրեն:

John 9

As Jesus and his disciples were travelling one day, they came across a man who was blind since birth.

Jesus explained that God allowed this man to be blind as a demonstration of the works of God.

Jesus healed the man by rubbing mud into the man's eyes. When the man washed his eyes, he was finally able to see.

LESSON:
God is able to heal. Jesus healed the blind man as a demonstration of God's healing power. Jesus is the light of the world. While he was alive on the earth he did the works of His Father who sent him.

Կորած ոչխարի պատմությունը

The Story of the Lost Sheep

Ղուկաս 15

Իսրայելում կար մի խումբ մարդիկ, որոնք կոչվում էին փարիսեցիներ, որոնք շատ լավ գիտեին Աստծո Խոսքը: Այնուամենայնիվ, փարիսեցիներին դուր չեկավ, թե ինչպես էր Հիսուսը ուտում մեղավորների հետ և նույնիսկ թույլ տվեց նրանց հետևել Իրեն:

Ուստի Հիսուսը մի առակ պատմեց` օգնելու փարիսեցիներին հասկանալու պատճառը: Հիսուսը հարցրեց նրանց. «Եթե հովիվը կորցրել է հարյուր ոչխարից մեկին, մի՞թե արդարացի է թողնել մյուս ոչխարներին` կորածին փնտրելու համար: Հովիվը գիտի, որ 99 ոչխարները կարող են մի որոշ ժամանակ միասին գոյատևել առանց հովվի օգնության, բայց մեկ ոչխարն ինքնուրույն չի կարող գոյատևել:

Հիսուսն ասաց, որ երբ ոչխարը գտնվի կամ վերադարձվի, հովիվը տոնելու է: Նույն կերպ, Աստծո սերը մեզանից յուրաքանչյուրի հանդեպ այնքան մեծ է, որ Նա կփնտրի մեզանից յուրաքանչյուրին և կուրախանա, երբ գտնվենք: Ահա թե ինչու երկինքը տոնում է, երբ մեղավորը զղջում է:

ԴԱՍ.
Ինչպես բոլորս գիտենք; բոլոր մարդիկ մեղք են գործում: Բայց Տերը երբեք չի լքել և չի լքի մեզ: Նրա սերը ծածկում է մեր բոլոր մեղքերը, և քանի դեռ մենք ապաշխարում ենք, մենք կարող ենք տուն վերադառնալ Նրա մոտ` երկնքում, քանի որ Տիրոջ շնորհը մեզ վրա է:

Luke 15

In Israel, there was group of people called Pharisees, who were very knowledgeable about the word of God. However, the Pharisees did not like how Jesus would eat with sinners and even allow them to follow Him.

So, Jesus shared a certain parable to help the Pharisees understand why. Jesus asked them "If a shepherd lost one sheep out of a hundred, would it be fair to leave the other sheep to look for the missing one? A shepherd knows that the 99 sheep would be able to survive together without the help of the shepherd for a while, but a single sheep cannot survive on its own."

Jesus said that when a sheep is found or returns, the shepherd would celebrate. In the same way that God's love for each one of us is so great that He will search for each of us and rejoice when we are found. This is why the Heavens celebrate when a sinner repents.

LESSON:
As we all know; all humans perform sin. But the Lord has never, and will never abandon us. His love covers all our sins and as long as we repent, we can come home to Him in heaven, because the grace of the Lord is upon us.

Քրիստոսի խաչելությունը և հարությունը

The Crucifixion and Resurrection of Christ

Մատթեոս 27-28

Մի օր, զինվորները Հիսուսին բերեցին Պոնտացի Պիղատոսի մոտ՝ այն ժամանակվա կառավարչի: Նա հարցրեց Հիսուսին. «Դու հրեաների թագավո՞րն ես», և Հիսուսը պատասխանեց. «Այո, ես եմ»: Պիղատոսը լսեց մարդկանց բողոքները, բայց Հիսուսին անմեղ գտավ: Նա ասաց քահանայապետներին, կառավարիչներին և ժողովրդին, որ պատճառ չի գտել նրան սպանելու: Սակայն ժողովուրդը խստորեն պահանջում էր, որ Հիսուսը պատժվի, և Պիղատոսը, ենթարկվելով ժողովրդի ճնշմանը, թույլ տվեց, որ մարդիկ հասնեն իրենց ուզածին:

Զինվորները ստիպեցին Հիսուսին հագնել հին թագավորական հագուստները, փշե պսակ դրեցին նրա գլխին և ծաղրեցին իրեն հրեաների թագավոր անվանելու համար: Նրանք Հիսուսին ստիպեցին խաչը մեջքով տանել բլրի գագաթը, որտեղ նրան գամեցին խաչին և նրա գլխին կախեցին «Հիսուս Նազովրեցի, հրեաների թագավոր» գրությամբ նշան:
Հիսուսի մահից հետո նրա մարմինը դրեցին մի գերեզմանի մեջ, որը փակված էր շատ մեծ քարով: Սակայն երեք օր անց նրա գերեզմանը այցելեցին Մարիամ Մագդաղենացին և Մարիամը՝ Հիսուսի մայրը: Այդ օրը մեծ երկրաշարժ եղավ, և նրանք տեսան, որ Հիսուսի գերեզմանին քար չկա, և

Matthew 27, 33-56

One fateful day, the soldiers brought Jesus before Pontius Pilate, the governor at the time. He asked Jesus "Are you the king of the Jews?", and Jesus replied "Yes, I am". Pilate listened to the complaints of the people but found Jesus to be innocent. He told the chief priests, the rulers, and the people, and told them that he had found no reason to kill him. However, the people strongly demanded that Jesus be punished, and giving in to the pressure of the people, Pilate allowed the people to get what they wanted.

The soldiers made Jesus wear an old royal robe and placed on his head a crown of thorns and mocked him for calling himself the king of the Jews. They made Jesus carry the cross on his back all the way to the top of a hill where they nailed him to the cross and placed a sign at its head that read "Jesus of Nazareth, King of the Jews".

After Jesus died, they placed his body in a tomb that was blocked by a very big stone. However, three days later, Mary Magdalene and Mary, the mother of Jesus, visited his tomb. On that day, a great earthquake happened and they saw that the stone to the tomb of Jesus was gone, and the soldiers had fainted.

զինվորները ուժասպառ էին:

Հրեշտակը հայտնվեց նրանց և հայտնեց նրանց բարի լուրը, որ Հիսուսը հարություն է առել մեռելներից: Վերադարձի ճանապարհին Հիսուսը հանդիպեց նրանց և ասաց. «Մի՛ վախեցեք. Գնացե՛ք և ասե՛ք իմ Գալիլեայի եղբայրներին, որ նրանք ինձ այնտեղ կտեսնեն», և ինչպես Հիսուսը խոստացավ իր աշակերտներին, նա հարություն առավ իր մահից հետո երրորդ օրը:

ԴԱՍ.

Տերը հավատարիմ է Իր խոստումներին և Նրա խոսքերին: Որովհետև Աստված այնքան սիրեց աշխարհը, որ տվեց Իր միածին Որդուն: Ով կընտրի հավատալ Նրան, չի պատժվի իր մեղքի համար, այլ կստանա հավիտենական կյանք:

An angel came to them and told them of the good news that Jesus had risen from the dead! On their way back, Jesus met them and told them "Do not be afraid. Go and tell my brothers to Galilee, there they will see me.", and just as Jesus promised to his disciples, he rose from the dead on the third day after his death.

LESSON:

The Lord is faithful to His promises and His words. For God loved the world so much, that He gave his one and only Son. Whoever chooses to believe in Him will not be punished for their sin, but will instead have everlasting life.

Հայտնության պատմություն

The Story of Revelation

Գիրք Հայտնության

Հիսուսի առաքյալներից մեկին՝ Հովհաննես անունով, շատ մեծ բաներ ցույց տվեցին ապագայի վերաբերյալ: Նրան ցույց տվեցին բազմաթիվ նշաններ և հրաշքներ՝ և՛ սարսափելի, և՛ հրաշագործ: Հովհաննեսին ցույց տվեցին Սուրբ քաղաքը, հրեշտակներին, Նոր Երկինքը և Նոր երկիրը:

Հայտնության գիրքը նկարագրում է Հիսուսին որպես հզոր առյուծ և քնքուշ գառ, որը մորթվել է մեր մեղքերի համար:

Աստված խոստանում է, որ Իրեն հավատացողների անունները կգրվեն հատուկ գրքում, որը կոչվում է «Գառան կյանքի գիրքը»: Հիսուս Քրիստոսը կվերադառնա, և նրանք, ում անունները գտնվում են Կյանքի Գրքում, հավերժություն կանցկացնեն Նրա հետ:

ԴԱՍ.
Այս գիրքը հիշեցնում է մեզ, որ Հիսուսը վերադառնում է, և մենք պետք է պատրաստ լինենք Նրան: Աստված ծրագիր ունի աշխարհի համար, և մենք հավերժություն կանցկացնենք Նրա հետ, եթե մեր անունները գրվեն Գառան կյանքի գրքում:

The Book of Revelation

One of Jesus's apostles named John, was shown many great things about the future. He was shown many signs and wonders, both scary and wonderful. John was shown the Holy City, the angels, the New Heaven, and the New Earth.

The book of Revelation describes Jesus as both a mighty lion and a gentle lamb who was slain for our sins.

God promises that those who believe in Him will have their names written in a special book called the Lamb's Book of Life. Jesus Christ will return and those whose names are in the Book of Life will spend an eternity with Him.

LESSON:
This book reminds us that Jesus is coming back and we should be ready for Him. God has a plan for the world and we will get to spend eternity with Him if our names are written in the Lamb's Book of Life.

available on
amazon

Thank you very much

It would be amazing if you wrote
an honest review on Amazon!
It means so much to us!

Questions?
Email us hello@RaisingBilingualChildren.com

Anna Young

www.RaisingBilingualChildren.com

Edition 1.0 - Updated on September 13, 2022

Made in the USA
Las Vegas, NV
21 July 2024

92673522R00021